queens of
STEAM

La Dra. Carla Hayden

La primera mujer
bibliotecaria del Congreso

por Mari Bolte

Créditos de las imágenes: Tapa: The Washington Post/Getty Images; 3: Leigh Vogel/ Getty Images; 4: Michael Kovak/Getty Images; 5: recebin/ Shutterstock; 6: Zhukov Oleg/Shutterstock; 7: tovovan/Shutterstock; 8: Zhukov Oleg/Shutterstock: Bettmann/Getty Imágenes; 9: Adriana.Macias/ Shutterstock; 10: Alena Divina/Shutterstock; 11: Hendrickson Photography/ Shutterstock; 12: Jonathan Bachman/Getty Images; 15: Caroline Brehman/ Getty Images; 16: Drew Angerer/Getty Images; 17: Vava Vladimir Jovanovic/ Shutterstock; 18: Keystone Features/ Getty Images; 20: Sean Zanni/ Getty Images; 21: Oomka/Shutterstock; 22: SeventyFour/Shutterstock; 23: Shannon Finney/Getty Images; 24: Piscina/Getty Images; 25: Laura Reyero/Shutterstock; 26: HECTOR MATA/Getty Images; 27: Dia Dipasupil/ Getty Images; 31: robuart/Shutterstock, ARIP YULIANTO/ Shutterstock; background: incomible/Getty Images

9781223187488 Español, tapa blanda
9781223187495 Español, libro electrónico
9781223187457 Inglés, tapa dura
9781223187464 Inglés, tapa blanda
9781223187471 Inglés, libro electrónico

Publicado por Paw Prints Publishing
PawPrintsPublishing.com
Impreso en China

¡En el Glosario de la página 29 encontrarás las definiciones de las palabras en **negrita** del texto!

"Por favor, acompáñenme en un viaje".

–Dra. Carla Hayden

Su reino:
las bibliotecas, la alfabetización y el aprendizaje

Dra. Carla Hayden, "Queen of **STEAM**", es una pionera de la biblioteconomía.

Echa un vistazo a esta "reina"

El 14 de septiembre de 2016 se reúne una multitud en el edificio Thomas Jefferson de Washington, D.C. Se va a hacer historia.

La Dra. Carla Hayden pone su mano sobre la Biblia. Entonces, presta **juramento** para convertirse en la bibliotecaria del Congreso. Es la primera mujer y la primera persona negra en ostentar ese honor.

La Biblioteca del Congreso es la mayor **biblioteca pública** de Estados Unidos. ¡Está formada por tres edificios conectados por un sistema de túneles subterráneos!

Queens forma parte de la ciudad de Nueva York. Está formado por muchos barrios distintos, cada uno con su propia cultura e historia. Es una de las zonas urbanas más diversas del mundo.

La bibliotecaria accidental

La Dra. Carla nació el 10 de agosto de 1952 en Tallahassee, Florida. Sus padres eran músicos. La Dra. Carla pasó la primera parte de su infancia en Queens, Nueva York. En lugar de leer música, La Dra. Carla se enamoró de los libros.

La Dra. Carla nació el mismo año en que se publicó *La telaraña de Charlotte*: 1952.

Al crecer, a la Dra. Carla le gustaba leer libros sobre la realeza, entre otras cosas. Los libros sobre Enrique VIII y Ana Bolena, por ejemplo, a menudo figuraban en la lista de lectura de la Dra. Carla cuando era niña. Los padres de la Dra. Carla se divorciaron en 1962.

Después, la Dra. Carla se mudó con su madre a Illinois. Ella pasaba los veranos en la ciudad de Springfield. Abraham Lincoln había vivido allí. Por eso, la Dra. Carla sentía una conexión especial con esta figura histórica.

Cinco datos breves sobre la Dra. Carla Hayden

1. Libro infantil favorito: *Bright April* (Abril luminoso) de Marguerite de Angeli
2. Género de libro favorito: Misterios acogedores
3. Figura histórica femenina favorita: Eleanor Roosevelt
4. Serie de TV favorita para mirar por horas: Programas de mejoras de vivienda
5. Sabor de helado favorito: Chocolate

Eleanor Roosevelt

La Biblioteca Pública de Chicago se fundó en 1873. Las anteriores bibliotecas de la ciudad eran todas privadas y acceder a ellas costaba dinero.

En 1973, la Dra. Carla se licenció en ciencias políticas en la Universidad Roosevelt en Chicago. Entonces, le llegó el momento de elegir un camino: ¿Sería **trabajadora social**? ¿Abogada? Las dos **carreras** significaban más estudios. Más estudios significaba que necesitaría un trabajo para pagarlos.

Un amigo le dijo que la Biblioteca Pública de Chicago estaba contratando personal. A la Dra. Carla le encantaban los libros y las bibliotecas. ¡No tenía nada que perder! Este primer trabajo como bibliotecaria de servicios infantiles se convertiría en su carrera. La Dra. Carla se ha autodenominado "bibliotecaria accidental".

El primer trabajo de la Dra. Carla en la biblioteca fue en la **sede** del South Side (en inglés: lado sur) de Chicago. Estaba dentro de un edificio donde antes había una tienda. La Dra. Carla vio lo mucho que la biblioteca ayudaba al barrio. Se dio cuenta de que la biblioteca y sus **recursos** facilitaban la vida de la gente.

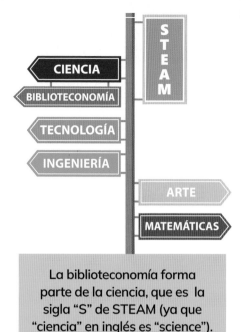

La biblioteconomía forma parte de la ciencia, que es la sigla "S" de STEAM (ya que "ciencia" en inglés es "science").

Entonces, la Dra. Carla hizo un descubrimiento que cambiaría el resto de su vida. Una de sus compañeras estaba cursando un **título superior** de biblioteconomía. ¡La Dra. Carla ni siquiera sabía que eso era posible! Decidió que ella también quería hacerlo.

¿Cargos por libros atrasados? ¡Ya no! En 2019, la Biblioteca Pública de Chicago dejó de cobrar cargos por libros atrasados. Fue la mayor biblioteca pública de Estados Unidos en hacerlo.

Los visitantes del Museo de Ciencia e Industria de Chicago pueden explorar un avión, un submarino y un módulo espacial.

En 1982, la Dra. Carla cambió de trabajo. Durante cinco años trabajó en el Museo de Ciencia e Industria de Chicago. Su trabajo consistía en exponer al público las **colecciones** de objetos interesantes y valiosos del museo.

Entonces, la Dra. Carla se mudó a Pensilvania para trabajar para la Universidad de Pittsburgh. Dio clases en la Facultad de Biblioteconomía y Ciencias Informáticas hasta 1991.

La Dra. Carla habló con Michelle Obama sobre "Becoming: mi historia", las memorias de la ex primera dama en una conferencia de 2018 para la American Library Association (Asociación Americana de Bibliotecas).

Un trono hecho de libros

La Dra. Carla regresó a Chicago en 1991 para servir una vez más a la gente de la "Ciudad Ventosa". Esta vez, sería como comisaria adjunta y jefa de biblioteca. ¡Su cargo le daba autoridad sobre todo el sistema de bibliotecas de la ciudad! Lo hizo durante dos años.

La Dra. Carla conoció a una abogada llamada Michelle Robinson durante su estancia en Chicago. Michelle acababa de empezar a salir con un joven llamado Barack. Más tarde, esta pareja (que se convertiría en el presidente Barack Obama y la primera dama Michelle Obama) tendría una enorme repercusión en la vida de la Dra. Carla.

La biblioteca gratuita Enoch Pratt de Baltimore, Maryland, es una de las bibliotecas gratuitas más antiguas de Estados Unidos. En 1993, se nombró directora general a la Dra. Carla. Ella llevó el sistema de bibliotecas de Baltimore a la era digital. Se agregaron más ordenadores para los usuarios de la biblioteca. Se **digitalizaron** recursos y colecciones. La Dra. Carla también añadió espacio para que los adolescentes se reúnan y hagan los deberes después de clase.

El informe de progreso de Pratt

¡Los estudiantes no son los únicos que reciben informes de progreso! La Biblioteca Enoch Pratt elabora cada año un informe sobre su progreso. ¿Qué nota le pondrías a la biblioteca para este informe?

- En 2021, la biblioteca se fijó un objetivo: Quería que a finales de 2022 hubiera un 20% más de personas que acudieran a programas especiales.
- En 2022, había alcanzado el 93% de su objetivo.

Asistencia a programas especiales

2021	73.246 personas
2022	81.482 personas
Objetivo	87.895 personas

2022, Biblioteca gratuita Enoch Pratt

La Dra. Carla no tiene miedo de expresarse. Protestó contra la ley Patriot Act de 2001. La ley permitía al gobierno ver qué libros sacaba la gente de las bibliotecas. La Dra. Carla consideraba que violaba la privacidad de las personas.

Durante este tiempo, la Dra. Carla también trabajó como presidente de la American Library Association (Asociación Americana de Bibliotecas) (2003–2004). Esta asociación apoya a los bibliotecarios y trabaja para mejorar las bibliotecas. La Dra. Carla se presentó con la idea de "**equidad** de acceso". Cree que todo el mundo, independientemente de su edad o procedencia, debe tener acceso a la información que necesita.

La Dra. Carla siguió siendo líder en la biblioteca gratuita Enoch Pratt. En 2015, un hombre negro llamado Freddie Gray fue asesinado por la policía de Baltimore. En todo el país se produjeron manifestaciones contra la **brutalidad policial**. Las protestas en Baltimore se volvieron violentas. Muchas empresas y servicios de la ciudad cerraron durante las protestas. La Dra. Carla mantuvo la biblioteca abierta porque pensaba que debía haber un espacio seguro al que la gente pudiera acudir, especialmente con la nación en crisis.

Ese mismo año, la Oficina de **Responsabilidad Gubernamental** de Estados Unidos redactó un informe para el Congreso. Decía que la Biblioteca del Congreso no tenía un liderazgo adecuado. Tampoco estaba al día en tecnología. Necesitaba un nuevo líder que pudiera modernizar la biblioteca. El presidente Barack Obama nombró a la Dra. Carla.

El presidente Obama dijo que la Dra. Carla "tiene la experiencia demostrada, la dedicación y el profundo conocimiento de las bibliotecas de nuestra nación para servir bien a nuestro país".

Una breve historia sobre las bibliotecas

- 600 a. e. c.*: La biblioteca más antigua que se conoce se construyó en la actual Irak.
- 200 a. e. c.: Se funda en Egipto la Biblioteca de Alejandría.
- 830 e. c.*: Se funda la Casa de la Sabiduría en Bagdad.
- 1571: Apertura de la Biblioteca Laurenciana en Florencia, Italia.
- 1731: Benjamin Franklin crea la primera biblioteca que prestaba libros en Estados Unidos.
- 1800: Se funda la Biblioteca del Congreso.
- 1903: Se abre al público la primera Biblioteca Carnegie; el millonario Andrew Carnegie donó 60 millones de dólares para financiar 1 689 bibliotecas públicas gratuitas en todo Estados Unidos.

La Biblioteca Laurenciana

*Antes de la era común (a. e. c.) es antes del año 1. La era común (e. c.) es desde el año 1 en adelante.

La Dra. Carla llama a los bibliotecarios los "buscadores originales". Los bibliotecarios infantiles llevan ayudando a los niños a encontrar información desde antes de que existieran las computadoras, tal y como se ve en esta foto tomada en los años cincuenta en Nueva York.

Las bibliotecas, reinos del conocimiento

Los bibliotecarios son educadores, pero también son historiadores, investigadores y genios de la tecnología. La biblioteconomía se centra en organizar, conservar y usar la información. También tiene como objetivo ayudar a las personas a aprender de lo que encuentran. Los bibliotecarios no conocen todas las respuestas, ¡pero saben cómo encontrarlas!

Las bibliotecas sucursales forman parte de un sistema de bibliotecas principal. Por ejemplo, la Biblioteca gratuita Enoch Pratt es el sistema principal. Tiene una gran Biblioteca Central, la sede principal, en el centro de Baltimore. Hay 21 bibliotecas sucursales pequeñas repartidas por toda la ciudad. ¡Es como un árbol de bibliotecas!

La Biblioteca del Congreso es el lugar por excelencia para aprender. Alberga más de 173 millones de artículos. ¡Y ese número no deja de crecer! La biblioteca recibe dos ejemplares de cada obra publicada en Estados Unidos. Y no recibe solo libros, también recibe películas, libros en audio, mapas, partituras y **artefactos**. Cada día, se agregan alrededor de 10 000 elementos nuevos.

La biblioteca se fundó en 1800. Está llena de libros singulares de todo el mundo. Uno de ellos es una impresión de un libro titulado *Old King Cole* (*El viejo rey Cole*). Es uno de los libros más pequeños del mundo. Mide alrededor de 1 milímetro de alto. ¡Es la longitud de la punta de un lápiz!

La música Lizzo visitó a la Dra. Hayden en la Biblioteca del Congreso en 2022. Tocó una flauta de su colección.

Los bibliotecarios del Congreso prestan servicio durante 10 años. La mayoría nunca ejerció de bibliotecario antes de ser **nombrados** para el puesto. Muchos eran escritores, historiadores, empresarios o abogados antes de asumir el cargo.

La Biblioteca del Congreso se fundó para servir a los miembros del Congreso. Cualquier persona mayor de 16 años puede visitar la Biblioteca del Congreso y leer allí los libros. Sin embargo, solo los funcionarios y el personal de la biblioteca pueden sacar materiales.

Cómo creamos y utilizamos la información cambia todo el tiempo. ¡Las bibliotecas deben mantenerse al día con todos los cambios! En 2010, la Biblioteca del Congreso empezó a añadir tuits a su colección. Dentro de unos siglos, podremos investigar y leer el primer tuit en Twitter: "¡estoy configurando mi twttr"!

Necesitamos bibliotecas

- 1 500 millones de personas visitan cada año las bibliotecas públicas.

- La mayoría de las bibliotecas ofrecen Internet gratis.
- El 70% de las bibliotecas son el único proveedor gratuito de computadoras e Internet en sus comunidades.
- 14 700 personas participan diariamente en las clases gratuitas de la biblioteca.
- En 2018, más de 2 000 millones de libros, libros electrónicos y otros artículos se tomaron prestados de las bibliotecas.

Cada año, la Biblioteca del Congreso concede un premio a un músico por su trayectoria profesional. En 2022, la Dra. Carla entregó el premio al músico de soul Lionel Richie.

Pensar en el futuro de las bibliotecas es una prueba para cualquier "reina del STEAM". Los bibliotecarios como la Dra. Carla son verdaderos viajeros en el tiempo. Recopilan y preservan el pasado, pero también se aseguran de que su gente está preparada para el futuro. La Dra. Carla tenía un trabajo importante por delante: ¿Podría llevar a la biblioteca más antigua de Estados Unidos al siglo XXI y más allá?

Al asistir a importantes reuniones y conferencias, nombrar al poeta laureado de la nación y supervisar la Oficina de Derechos de Autor de EE. UU., la Dra. Carla desempeña un papel activo para apoyar el estilo de vida moderno de EE. UU.

La dama de la biblioteca

La Dra. Carla aceptó el reto. Su primer objetivo fue compartir los tesoros de la biblioteca. Quería "abrir el cofre del tesoro" para todo el mundo. La Dra. Carla se comprometió a digitalizar la primera mitad de la colección de la biblioteca en un plazo de cinco años. ¡Y lo logró! Ahora, la gente de todo el mundo puede visitar la biblioteca y explorar la colección desde su casa, utilizando su computadora.

La colección digital de la Biblioteca del Congreso se puede ver en www.loc.gov/collections. Hay libros raros, mapas, fotografías, grabaciones musicales, y mucho más.

¿Alguna vez has querido aprender a hacer un baile de TikTok? ¿Soñabas con escuchar a un autor galardonado leer su obra? ¿Escuchar un concierto en línea? ¿O incluso crear tu propia música? La Biblioteca del Congreso tiene programas que hacen que todo eso sea posible. Incluso puedes convertirte en voluntario virtual.

Del pueblo: Ampliar el camino

Del pueblo: Ampliar el camino es un proyecto que anima a personas de grupos infrarrepresentados a incorporar sus historias singulares a la Colección de la Biblioteca del Congreso. Se buscan nuevos videos, fotos, libros y música para destacar la diversidad cultural y comunitaria y crear una colección más inclusiva en la biblioteca. Estados Unidos tiene una rica historia. Registrar todas las versiones de esa historia es importante. Consulta este programa en www.loc.gov/programs/of-the-people

La Dra. Carla ha dicho que la Biblioteca del Congreso es "para gente curiosa, gente que quiere crear o aprender".

Como bibliotecaria del Congreso, la Dra. Carla se interesa en conectarse con sus compatriotas estadounidenses. Es la primera bibliotecaria del Congreso que tuitea, y también es activa en Instagram. En 2022, tuiteó: "Las bibliotecas son refugios y santuarios seguros para TODAS las personas".

El reinado de la Dra. Carla durará hasta 2026. Pero su tiempo al frente de la biblioteca del Congreso se celebrará durante años.

Cuestionario

1. El bibliotecario del Congreso ejerce un mandato:
   A. para siempre
   B. por 5 años
   C. por 10 años
   D. por 20 años

2. La Biblioteca del Congreso añade _____ nuevas piezas a su Colección diariamente.
   A. 73 000
   B. 10 000
   C. 20 000
   D. 13 500

3. "Equidad" significa:
   A. reconocer que las cosas no siempre son justas para todos, pero trabajar para corregir ese equilibrio
   B. que todos reciben lo mismo
   C. el centro de la tierra
   D. abandonar algo nuevo

4. La gente utiliza las bibliotecas para:
   A. aprender cosas nuevas
   B. redactar informes
   C. ver documentos históricos
   D. utilizar computadoras
   E. todas las anteriores

Respuestas: 1) C; 2) B; 3) A; 4) E

Glosario

responsabilidad gubernamental (res-pon-sa-bi-li-DAD gu-ber-na-men-TAL): compromiso que asume el gobierno sobre lo público y sus representados.

título superior (TÍ-tu-lo su-pe-RIOR): título universitario más allá del nivel de grado; un máster y un doctorado son títulos superiores.

nombrado (nom-BRA-do): cuando se asigna una persona a un trabajo importante.

artefactos (ar-te-FAC-tos): objetos elaborados por personas en el pasado.

sede (SE-de): una parte separada de una organización central.

carreras (ca-RRE-ras): trabajos que tienen las personas en los que permanecen durante mucho tiempo.

colecciones (co-lec-CIO-nes): grupos de objetos que se han reunido.

digitalizado (di-gi-ta-li-ZA-do) convertir a formato digital para poder verlo en una computadora; se pueden digitalizar imágenes, texto y sonido.

equidad (e-qui-DAD) tratar a las personas con imparcialidad y justicia

juramento (ju-ra-MEN-to) promesa solemne, a menudo hecha ante testigos

brutalidad policial (bru-ta-li-DAD po-li-CIAL): uso excesivo de la fuerza contra alguien por parte de las fuerzas de la ley.

biblioteca pública (bi-blio-TE-ca PÚ-bli-ca): una biblioteca que el público en general puede utilizar gratuitamente.

recursos (re-CUR-sos): un suministro de materiales disponibles para su uso.

trabajador social (tra-ba-ja-DOR so-CIAL): persona que trabaja para ayudar a las personas con problemas.

STEAM (stim): los campos de Ciencia y Tecnología, Ingeniería, Artes y Matemáticas la biblioteconomía es parte de la ciencia

ACTIVIDAD

Regístrate en la biblioteca

¡Tu biblioteca local depende de usuarios como tú! Cada vez que alguien la visita, saca un libro en persona o por Internet, utiliza una colección o asiste a un programa, demuestra lo importante que es la biblioteca para la comunidad. Las bibliotecas ofrecen lugares limpios y seguros para todos. ¡Es hora de visitar tu biblioteca local! Hay mucho más que hacer que recorrer los pasillos. Busca a tu adulto favorito y pídele que te lleve a la biblioteca.

- Con la ayuda de un adulto, consigue un carné de biblioteca o crea una cuenta en línea.
- Saca un libro o un eBook.
- Participa en un programa de la biblioteca, como una clase de arte, un club de lectura o un grupo extraescolar. Averigua cuándo es la próxima visita de un autor, o asiste a una mesa redonda.
- Ofrece tu tiempo como voluntario. Quizá te dediques a colocar libros en estanterías, vender libros usados u ordenar los espacios de trabajo. Es una actividad estupenda para hacer con la familia y los amigos.
- Conoce a las personas que trabajan en la biblioteca y averigua más sobre lo que hacen. ¿Cómo llegaron a donde están? ¿Tienen algún consejo para ti?

ACTIVIDAD

Dale las gracias a un bibliotecario

¡Los bibliotecarios hacen un trabajo muy importante! Diles que los aprecias y que sus contribuciones no pasan desapercibidas. A todos nos gusta saber que estamos haciendo un buen trabajo. Dedica un minuto de tu día a enviar un mensaje alentador.

- Escribe una carta a un bibliotecario para agradecerle su contribución a la comunidad. Envíala como tarjeta por correo postal o electrónico a todo el mundo.
- ¿Tienes alguna exhibición, sección o actividad favorita en la biblioteca? ¡Cuéntaselo! ¿Qué te ha gustado?
- Comparte historias o recuerdos especiales sobre la biblioteca. ¿Cuál fue el primer libro que sacaste? ¿Recuerdas tu primera visita?
- Si hay algo que crees que la biblioteca debería cambiar, escríbelo también. ¡Tu opinión es importante!

Índice

Biblioteca Pública de Chicago, 9, 10

Museo de Ciencia e Industria de Chicago, 11

digital, 14, 25

Biblioteca gratuita Enoch Pratt, 14, 16, 19

colecciones de bibliotecas, 11, 14, 20, 22, 25-26

Biblioteca del Congreso, 5, 16-17, 20-23, 25-27

visitas a bibliotecas, 20-22, 25

Obama, Barack y Michelle, 12-13, 16

tecnología, 16, 19

Universidad de Pittsburgh, 11

bibliotecas virtuales, 26